Thériault Édition
La Pocatiere, Québec, Canada

Psychologie populaire.Motivation.

Dépôt légal
Bibliothèque et Archives nationales du Québec, 2015
Bibliothèque nationale du Canada, 2015

ISBN-13:
978-1517193676

ISBN-10:
1517193672

100 JOURS DE CHANCE

MARC THÉRIAULT
Couverture :Conception create space

THÉRIAULT ÉDITION

Je dédicace ce livre à tous mes lecteurs actuels et futurs sur amazon. Je vous remercie de votre appui.

J'espère seulement vous donner le goût de vivre encore plus et de réaliser vos rêves.

Table des matières :

100 Jours de chance

Chapitre 1

Créer votre propre chance

Jour 1

Créer sa vie chaque jour

Chaque matin, il y a un nouveau jour qui s'offre à vous pour créer de nouvelles conditions à votre vie.

Vous avez encore aujourd'hui la chance de croire en vous et d'atteindre vos buts, peu importe ce que les autres en pensent. Vous êtes libre de choisir le meilleur ou le pire.

Oui vous pouvez atteindre le sommet si vous y croyez. Tout est une question d'attitude personnelle.

Jour 2

L'étranger

> Quand quelqu'un sonnera à votre porte, écoutez-le attentivement : il peut être porteur d'une chance en or pour vous.

> La chance se crée en étant attentif aux autres. L'être humain est avant tout relationnel. Il y a un grand bonheur à connaître une nouvelle personne dans notre vie.

> Les amis se créent en étant à leur écoute. Lorsque vous aurez besoin d'être écouté à votre tour, quelqu'un deviendra attentif à vos besoins.

Jour 3

L'infini des possibilités

Vous avez devant vous l'infini des possibilités.
Tout vous est offert dans la vie. Chaque jour
vous n'avez qu'à faire vos choix et à prendre vos
décisions.

La chance se crée par le nombre de décisions
que nous faisons dans notre vie. Plus vous
décidez, plus vous augmentez vos chances de
succès dans tous les domaines de votre vie.

La beauté de la vie, c'est qu'il existe une
multitude de possibilités. Cela nous permet
d'avoir une très grande liberté d'être et de faire.

Jour 4

Le kilomètre de plus

La chance sourit aux audacieux. Ne craignez donc pas de faire un kilomètre de plus pour découvrir le merveilleux monde de la fortune.

En effet, quand vous êtes prêt à en payer le prix, vous pouvez accéder à quelque chose de grand. La réussite dans n'importe quel domaine exige un engagement loyal et total de votre part.

Quand vous mettez tout votre cœur dans un projet, vous êtes certain d'une chose : vous récolterez des résultats un jour ou l'autre.

Tout sera extraordinaire pour votre croissance personnelle.

Jour 5

La détermination

Faire preuve de détermination lors de vos actions est primordial. C'est un multiplicateur essentiel à tous vos efforts.

Rien n'empêchera une personne d'avancer si elle est déterminée. Utilisez l'arme de la détermination pour mener votre vie et vous serez difficile à vaincre, peu importe les obstacles qui se dresseront devant vous. La chance n'est pas le fruit du hasard, mais bien le produit de la détermination.

Jour 6

La route de la vie

La route de la vie est parfois remplie d'obstacles
et de contrariétés qui ralentissent votre rythme.
Parfois, votre colère monte en vous et c'est bien
humain. Ce n'est pas grave. Pardonnez-vous et
laissez aller votre esprit vers quelque chose de
positif pour dominer cette situation.

Essayez de garder cette énergie positive pour
donner naissance à d'autres opportunités. C'est
justement en position difficile que vous
découvrirez les talents et les aptitudes enfouis en
vous.

Comme vous pouvez le constater, la chance se
crée parfois devant les impasses de toutes sortes.
Patientez et riez ! Un jour vous serez
récompensé.

Jour 7

Les dons

Chaque personne possède des forces et des dons uniques. Le monde de la chance connaît bien le potentiel que cachent les talents d'une personne.

Lorsque vous découvrez vos talents particuliers qui peuvent vous aider à réaliser votre vie, tout change pour le meilleur.

La chance entre alors dans votre vie comme une lumière et se manifeste de jour en jour à votre grande surprise.

Les dons sont en vous. Ils attendent seulement que vous les identifiiez pour se manifester. Lorsque vous découvrez vos dons et que vous aidez les autres à découvrir les leurs, vous êtes de plus en plus riche. Vous avez en vous le bonheur et la prospérité.

Jour 8

La confiance en soi

Ayez confiance en vous en tout temps. Sollicitez votre force intérieure.

Croyez-en votre être supérieur et tous vos chemins deviendront clairs et limpides comme l'eau qui coule sur un grand rocher à la lumière du jour.

Plus vous aurez confiance en vous, plus vous aurez la chance à votre disposition pour réaliser tous les projets qui vous tiennent à cœur.

Jour 9

Être agréable

Mettez tout en œuvre pour sourire en tout temps. Chaque fois que vous souriez honnêtement à quelqu'un, vous ouvrez la porte de la chance.

À chaque sourire, vous déposez une semence pour construire votre personnalité et votre futur. À mesure que vous offrez au monde ce que vous avez de meilleur, votre vie devient plus facile.

En effet, lorsque vous cherchez un renseignement, une aide, un emploi, un service ou toute autre demande à quelqu'un, vous avez 70 % plus de chance d'obtenir ce que vous voulez avec ce sourire franc.

Jour 10

Bâtir son avenir

L'avenir se bâtit sur le jeu des probabilités.
Prenez l'exemple d'un joueur de hockey. Plus il
tire au but, plus il augmente ses chances de
marquer un point.

Si vous croyez que vous avez eu peu de chance
dans votre vie, augmentez simplement les
opportunités de l'être et vous le deviendrez.

C'est lorsque vous prenez des chances que vous
avancez dans la vie. Cela ne signifie pas de
prendre des risques insensés avec tout, y compris
votre santé et votre vie. Il faut plutôt mieux
exprimer votre personnalité et votre audace
chaque fois que l'occasion se présente.

Chapitre 2

Construire sa vie pour le meilleur

Jour 11

Votre vision

Quelle vision avez-vous de votre vie? N'ayez
pas peur de voir le meilleur puisque personne ne
peut imaginer quelque chose à votre place.

Espérez le mieux pour vous. Vous voulez avoir
plus de bonheur, plus d'amis ou plus d'argent? Il
n'en tient qu'à vous seul de faire la différence.

Visualisez la santé, le bonheur et la prospérité
pour vous. N'attendez plus personne pour le
faire. Sortez du monde de l'attente et joignez le
groupe des volontaires. Les chanceux sont ceux
qui ont osé avoir une vision de ce qu'ils
voulaient dans leur vie. Être différent sans être
prétentieux n'est pas péché.

Jour 12

Lancez-vous !

Lancez-vous dans l'aventure de la chance. Visez le mieux-être total en tout temps. Laissez le monde de l'analyse de côté et ayez confiance en la vie. Faites un petit pas chaque jour pour bâtir votre futur.

Ne vous découragez pas ! Le temps est trop court ! Vous serez simplement déçu à la longue de ne pas avoir eu le courage de plonger dans quelque chose que vous aimiez ou que vous auriez aimé faire. N'ayez aucun regret si vous foncez dans un projet. Vivez cette aventure au maximum, peu importe le résultat final.

Un édifice se bâtit étape par étape jusqu'à atteindre le sommet. Construisez votre vie par étape et vous finirez par trouver ce que vous cherchez réellement.

Jour 13

Connaître sa limite

Chacun de nous a une limite. En être conscient est important. Ça peut être une limite sur le plan de la santé, sur le plan physique, sur le plan relationnel, sur le plan mental ou sur le plan amoureux.

Ne vous demandez pas de porter deux personnes sur vos épaules si vous avez de la difficulté à vous supporter vous-même sur vos deux jambes.

La chance commence à se manifester à vous quand vous êtes capable de vous respecter et de refuser quand on exige trop de vous. Quand on se connaît bien, on peut ainsi augmenter son énergie et avoir plus de bonheur, de santé et de prospérité pour construire une vie fantastique.

Jour 14

Toucher la cible

Prenez un instant pour imaginer que vous tirez dans un champ de tir, les yeux bandés, sur des cibles avec une arme quelconque. Vous constaterez que pouvez tirer longtemps sans rien atteindre. Comme vous le voyez, tout est une question de logique. Mais lorsque vous voyez bien vos cibles, avec les yeux clairs et bien ouverts, tout change. Éventuellement, vous ne tarderez pas à toucher la cible à votre grande satisfaction.

Cela signifie que lorsque vous avez des objectifs de vie très précis, tant au plan spirituel que matériel, bien écrits sur papier, vous connaîtrez un certain succès.

La chance sera avec vous si vous persistez à éclaircir vraiment ce que vous voulez de votre vie.

Jour 15

La chance du débutant

Avez-vous déjà entendu cette phrase : « Il a de la chance pour un débutant »? Pourquoi un débutant aurait-il plus de chance qu'un autre?

La principale raison pour laquelle il a de la chance, c'est parce qu'il a osé commencer quelque chose de nouveau sans espérer un résultat spécifique.

La chance sourit parfois aux audacieux qui n'ont pas peur d'entreprendre quelque chose de nouveau ou de faire une chose différente des autres. Le monde est rempli de gens qui disent « je ne suis pas chanceux, à quoi bon? »

Vous pouvez devenir chanceux si vous faites un premier pas dans quelque chose de nouveau.

Jour 16

La passion et l'amour

Avez-vous remarqué comment vous vous sentez lorsque vous êtes en amour avec quelqu'un ou quelque chose dans votre vie? Vous êtes dans un état d'extase.

Même si vous êtes une personne difficile ou colérique, vous serez envahi par le bien-être et votre enthousiasme réjouira les autres.

La chance se manifeste aux gens qui sont heureux et qui font ce qu'ils aiment dans leur quotidien. Ils attirent à eux des bénédictions auxquelles ils ne s'attendent pas. Ils deviennent magnétiques pour tous sans qu'ils aient besoin de forcer les choses. Vous construisez votre vie sur du solide quand il y a l'amour.

Jour 17

Votre emploi du temps

Peu importe ce que vous faites dans votre vie, vous travaillez toujours pour votre propre cause. Même si vous avez un supérieur, imaginez que vous êtes le président de votre emploi. En réalité, vous travaillez toujours pour votre avancement. Si vous faites plus que le minimum exigé, vous serez éventuellement reconnu.

La chance au travail vient de la valeur que vous lui accordez. Plus vous améliorez vos connaissances et raffinez vos idées, plus vous augmentez votre qualité de vie au travail à tous les niveaux. Ne vous inquiétez pas pour votre rémunération, elle suivra éventuellement.

Jour 18

Les amis

Plus vous avez de connaissances dans votre vie, plus vous êtes une personne chanceuse, et ce, sans même le savoir. En effet, l'argent ne remplacera jamais les amis que vous avez

Maintenant que vous savez que vous êtes chanceux parce que vous avez des amis, ayez une seule idée en tête : faites tout pour les garder en les écoutant et en les récompensant, surtout s'ils vous rendent service. Tout se remplace, sauf les amis.

Si actuellement vous n'avez pas d'amis, pensez seulement à une chose : intéressez-vous dès aujourd'hui aux gens que vous rencontrez et essayez de construire une relation en offrant vos services ou en les écoutant attentivement. La chance commence dès que vous avez réussi à fonder une relation durable avec une personne.

Jour 19

Pourquoi seulement 3 %?

Pourquoi seulement 3 % des gens atteignent plus de prospérité et de réussite dans leur vie que le reste de la population? Sont-ils plus doués ou simplement plus chanceux que les autres? La réponse est non.

Plusieurs études universitaires ont été faites sur ce sujet. Les résultats sont probants. Par exemple, une étude effectuée sur 100 diplômés de l'Université de Harvard a démontré que, à l'âge de la retraite, seulement 3 % d'entre eux avaient atteint leurs objectifs de vie et étaient devenus financièrement indépendants.

Pourquoi? Simplement parce qu'ils avaient écrit leurs objectifs sur du papier et avaient fait un plan pour les atteindre.

Si vous avez la possibilité de vous asseoir tranquillement et de prendre le temps d'écrire ce que vous voulez dans la vie, vous ferez partie du 3 % des plus chanceux. Déterminez ce que vous voulez accomplir, faites un plan et passez à l'action.

Jour 20

La santé

Si vous êtes en santé actuellement, vous êtes chanceux. Et si vous ne l'êtes pas, vous pouvez améliorer encore cet aspect. Il y a toujours quelque chose à faire même si on croit parfois que c'est impossible. Tant qu'il y a de la vie, il y a de l'espoir.

La santé se cultive comme un jardin. Analysez vos habitudes et votre attitude. Vous trouverez certaines réponses pour régler de vieux problèmes.

Oui vous pouvez améliorer votre santé. Changez d'abord votre attitude vers quelque chose de plus libre et de plus positif. Sortez de la prison du jugement. Vous commencerez à retrouver plus d'énergie. Le monde de la critique est ce qu'il y a de plus ruinant pour la santé.

Chapitre 3

Lancez-vous dans le feu de l'action

Jour 21

La récompense

La plupart des gens aiment être récompensés pour leurs accomplissements. C'est tout à fait normal. Quand vous travaillez sur quelque chose, vous obtenez un résultat. Personne ne peut nier cet état de fait.

Alors quand vous voulez être récompensé et être plus chanceux, vous devez passer à l'action. C'est aujourd'hui que vous voulez être récompensé. Il faut passer à l'action et accomplir ce que vous voulez faire depuis longtemps.

N'attendez plus ! Agissez aujourd'hui et tout finira pour le meilleur en temps et lieu pour vous.

Il est magique de passer à l'action pour voir s'accomplir les miracles que vous espérez. Vous voulez partir en voyage, perdre du poids ou accomplir un nouveau projet qui vous emballe? N'attendez plus ! Soyez proactif. C'est aujourd'hui que tout se dessine devant vous pour vous pour créer un meilleur futur.

Jour 22

Gagner les concours

Certaines personnes se croient peu chanceuses lors des tirages. Par contre, plusieurs autres gagnent régulièrement. La différence est parfois minime entre ceux qui gagnent et ceux qui ne gagnent pas.

La première condition pour gagner est de participer. Plus vous faites partie de nombreux tirages, plus votre nombre de chances augmente. Ici je ne dis pas de devenir un joueur pathologique dans les loteries publiques et de vous ruiner. Soyez simplement plus enclin à participer aux tirages de toutes sortes.

Une autre condition nécessaire pour gagner est la visualisation et l'affirmation. J'ai expérimenté à plusieurs reprises cette avenue lors de tirages à des réunions d'affaires. Je me voyais en train de gagner et je me l'affirmais intérieurement : « Je gagne ! Je gagne ! » Ça a fonctionné à quelques reprises. Il faut s'engager positivement et s'imaginer gagnant avant même d'avoir gagné.

Jour 23

Les vedettes

Quand on regarde les vedettes à la télévision, on ne se demande pas comment elles ont fait pour se rendre où elles sont. Notre première idée est peut-être de dire qu'elles ont été chanceuses et qu'elles ont été placées au bon endroit au bon moment. Peu importe ce qu'on en pense, elles méritent ce qu'elles sont devenues.

En effet, la plupart des vedettes ont travaillé longtemps avant d'être reconnues et populaires. Certaines étaient très pauvres et ont occupé des emplois ordinaires durant de longues années. Mais leur rêve s'est réalisé parce qu'ils ont agi et pensé à devenir ce qu'ils sont devenus.

Un facteur est clair : la chance dans leur cas s'est méritée et un jour ils ont vu la lumière au bout du tunnel. Nous avons tous la possibilité d'être une vedette dans notre domaine si nous acceptons d'investir le temps nécessaire et d'être prêts à en payer le prix.

Jour 24

Tout se mérite

Tout événement qui se produit, qu'il soit positif et négatif, n'est pas le fruit du hasard. Il a été créé dans notre esprit, un jour ou l'autre, peut-être même malgré nous. Les circonstances magiques ou catastrophiques sont le fruit de notre préparation mentale.

Regardez le monde et vous comprendrez. L'homme mérite ce qu'il est. Les gens pensent aux drames, à la violence, à la sexualité débridée, aux chicanes, aux maladies. Ils vivent des stress continuels et subissent les effets de ce stress. Personne ne veut la misère dans sa vie. Mais quand on regarde la télévision, qu'on lit de mauvais romans et qu'on s'alimente de mauvaises nouvelles, nous créons un terrain propice à la manifestation d'évènements négatifs.

L'homme devient ce qu'il pense à long terme. Si vous ne me croyez pas, alors regardez bien ce qui se passe dans la société. Vous comprendrez mieux.

Essayez seulement aujourd'hui d'être vigilant.
Créez une atmosphère de calme dans votre vie et
devenez meilleur en pensant mieux. Vous verrez
les circonstances et la qualité de votre vie
s'améliorer graduellement avec le temps.

Jour 25

La clarté

Si vous savez ce que vous voulez dans la vie,
vous aurez plus de chance de l'obtenir que si
vous l'ignorez. Les gens vous imposeront alors
leurs choix et tôt ou tard, vous craquerez un jour
sous la pression.

Identifiez rapidement ce que vous voulez et
travaillez en conséquence jusqu'à ce que votre
satisfaction soit complète. Faites tout votre
possible pour atteindre vos objectifs et Dieu fera
le reste pour vous en bout de piste.

Maintenant, élaborez un plan de vie dans lequel vous identifierez vos priorités et ce que vous aimez le plus faire dans la vie. Vous verrez que la chance vous sourira plus souvent. Le monde se crée avec des rêveurs et des passionnés. Vous aussi vous faites partie de ce monde qui a droit aux rêves les plus beaux.

Jour 26

Le grand rêve

La chance se manifeste quand vous commencez à rêver très grand dans le plus profond de votre cœur. Graduellement, vous commencez à construire votre rêve intérieur qui prendra forme dans la réalité un jour ou l'autre.

On m'a déjà dit « tu rêves trop ! ». C'est peut-être la pire insulte que vous puissiez entendre. Si jamais quelqu'un vous dit cela, demandez-lui si lui aussi a des rêves comme vous. Vous serez peut-être surpris de la réponse. Mais ne vous en faites pas, car le monde s'est construit sur le rêve. Plusieurs entrepreneurs, travailleurs, artistes et mères de foyer se sont permis de rêver un jour et, lorsqu'ils ont décidé de se lancer dans l'action, cela a changé leur vie à tout jamais.

Ne laissez pas les autres détruire vos rêves avec leurs idées réalistes et négatives. Vos rêves sont plus importants que vous le croyez ! Laissez-les prendre une grande place dans votre vie et vous serez surpris de tout ce qui adviendra.

Jour 27

Attendez-vous au meilleur

N'attendez que le meilleur en tout. Si vous êtes dans une impasse, pensez que le meilleur est à venir. Les gens qui ont beaucoup de succès s'attendent encore à recevoir et avoir le meilleur, soit le bonheur, la santé et la prospérité. Ne pensez à rien d'autre que le meilleur pendant les prochaines 24 heures.

La première étape est d'éliminer tout pessimisme de votre vie et d'améliorer graduellement votre attitude intérieure. Pensez-le meilleur pour vous et pour les autres. Quand vous êtes dans l'action, faites de votre mieux pour vous dépasser.

La chance est là pour vous : elle vous attend.
Changez simplement vos pensées en quelque
chose de plus haut et de plus grand.

Jour 28

Attitude 100 %

Beaucoup de personnes s'écroulent devant les
problèmes de la vie courante. Un rien ne les
affecte et elles se retrouvent complètement
anéanties. Maintenant, dites-vous que la vie est
une suite continuelle de petits problèmes à régler
pour avancer.

Utilisez le dicton *un jour à la fois* et tout s'arrangera en temps et lieu. Tout le monde le sait : ce système fonctionne. Mais il existe une autre façon de régler les problèmes de votre vie. La voici : imaginez que vous êtes une personne avec un degré d'attitude à 100 %. Vous êtes donc situé au niveau 100 et tous les problèmes sont situés au niveau 1. Je vous jure que vous changerez votre vie en quelque chose de meilleur parce que vous saurez que vous êtes plus fort que tout problème.

Cela dit, restez toujours humble afin de tirer le côté positif de chaque problème. Maintenant que vous avez la force en vous pour régler toutes les difficultés de votre existence, passez à l'action : réglez le premier problème majeur de votre existence.

Jour 29

Sortir de la zone de confort

Je parle ici de la fameuse zone de confort que les grands gourous de la motivation blâment souvent. Oui, c'est cette zone qui est difficile à traverser et où une même personne semble toujours s'enliser, vivre les mêmes comportements et avoir le même résultat qui l'empêche de s'épanouir et d'avancer sur le plan personnel.

Si vous voulez être plus chanceux et plus heureux, vous devez décider de vous dépasser chaque jour. Cessez de vous plaindre et passez à l'action. Par exemple, vous désirez réaliser un rêve qui vous tient à cœur depuis très longtemps, finalement rien ne bouge? Revoyez vos habitudes ! Vous passez trop d'heures devant le téléviseur? Identifier certaines activités qui ne contribuent pas à concrétiser vos rêves? Quelqu'un accapare votre temps? Délaissez vos mauvaises habitudes et dites non aux voleurs de temps ! Le prix à payer pour changer est élevé, mais il en vaut toujours la peine.

Jour 30

Se donner une seconde chance

Vous tentez d'obtenir un emploi satisfaisant, d'avoir de bons amis, d'obtenir une belle promotion, de réussir un examen, de trouver un bon partenaire de vie? Vous pensiez devenir millionnaire un jour? Finalement, vous tombez dans le piège du découragement.

Ressaisissez-vous. Chacun de nous a droit à l'erreur. Ayez l'humilité de vous accepter et de laisser l'orgueil de côté. Vous pouvez recommencer et, cette fois, réussir pour de bon. Il n'en tient qu'à vous après tout. Les grands sportifs ont toujours rebondi après une défaite.

Vous êtes né pour gagner si vous savez être persévérant. Le courage ne s'achète pas au magasin : il se fabrique de jour en jour.

Chapitre 4

La chance d'être

Jour 31

Amour de soi

Aussi égoïste que cela puisse paraître, vous devez admettre une chose : vous venez au monde seul et vous mourrez seul. Entre les deux, il n'y a qu'une chose à comprendre : s'aimer soi-même et s'accepter intégralement. Pourquoi? Pour être capable d'aimer les autres.

Le monde cherche l'amour dans la drogue, le sexe, le jeu et la folie des grandeurs ou alors dans une dépendance affective sans borne pour obtenir l'approbation et l'amour des autres.

Le jour où vous tombez en amour avec votre soi profond, rien n'est plus pareil. Vous commencez à mieux comprendre le monde dans lequel vous évoluez. Maintenant, vous débutez un grand processus de croissance personnelle qui culminera en l'exploitation complète de votre être.

Jour 32

Le bonheur s'ouvre à vous

Un grand bonheur est là pour vous et il vous attend. Oui, depuis longtemps vous croyez que cela ne peut pas être vrai. Vous êtes là pour créer et vivre le bonheur. Pourtant, vous avez toujours cru que ce n'était pas vrai. Vous devez créer ce bonheur et le vivre.

Le bonheur est pour tous. Tout le monde y a droit. Certains jours, il est moins présent pourtant il existe toujours. Accomplissez le travail que vous aimez et faites les activités qui vous plaisent. Vous vous rapprocherez graduellement du bonheur.

Le bonheur est premièrement intérieur. Il n'est nulle part ailleurs. Travaillez votre intérieur comme le jardinier entretient son jardin. Vous ne regretterez jamais d'être bien intérieurement.

Seulement, vous seul pouvez trouver ce chemin intérieur. Tout est en nous. Vous avez la chance en vous. Il s'agit de décider de mieux comprendre votre monde intérieur et ses pensées.

Jour 33

La possibilité des choix

Je suis chanceux et vous êtes chanceux. Pourquoi? Parce que le créateur nous a permis de faire des choix sur une base journalière. N'est-ce pas merveilleux? Un peu comme au restaurant où on peut choisir ce qui nous plaît.

Quand vous faites des choix, vous devez les assumer pour bien les comprendre. Par exemple, si vous achetez une voiture verte et qu'un mois après vous détestez cette couleur, pardonnez-vous ! Prenez conscience qu'il n'y pas de mauvais choix dans cet achat impulsif.

Ce sont vos choix qui vous font évoluer et vous permettent de vous aimer et de vous connaître. Avant d'acheter une voiture verte, vous ignoriez votre réaction face à cette couleur.

Maintenant, vendez votre voiture et ne tombez plus en amour avec le vert. Et de grâce, ne blâmez jamais personne pour vos choix regrettables.

Acceptez votre pleine responsabilité : c'est là que vous vous épanouirez et que vous deviendrez meilleur dans tous vos choix dans le futur. La marque des gagnants, c'est qu'ils sont capables d'avouer qu'ils se trompent parfois et qu'ils ne se culpabilisent jamais très longtemps pour des petits détails insignifiants.

Jour 34

Votre mission personnelle

Le jour où vous croyez en une mission unique pour vous, vous découvrez que la chance a plus de signification qu'auparavant.

Quand on se trouve une mission de vie, les circonstances de notre vie commencent à changer pour nous aider à progresser vers la réalisation de cette mission pour l'épanouissement du soi profond.

Comment réussir à identifier une mission pour notre vie? Voilà une question que plusieurs se posent sans trouver de réponse satisfaisante.

Je crois que vous la trouverez dans les activités que vous aimez et qui vous passionnent.

Analysez froidement ce qui vous anime le plus et qui vous demande toujours du dépassement de soi.

Je suis certain que plusieurs personnes savent déjà ce qui les intéresse le plus dans la vie. Ils n'ont plus qu'à poser pierre sur pierre pour édifier un empire intérieur et extérieur autour de cette mission.

Jour 35

Votre esprit

La chance d'être un esprit évolué : voilà ce qui nous démarque du règne animal et végétal. En effet, vous avez un esprit, qui est un don de l'univers, pour vous exprimer librement dans toutes les dimensions physiques et spirituelles.

Chacun possède un pouvoir incroyable sur sa propre vie. Que vous le croyiez ou pas, vous avez votre destin entre vos mains et vous pouvez y créer de la magie. Imaginez un instant ce qu'il y a de meilleur en vous et dans les autres. Tout est gratuit, tout est en vous pour inventer des merveilles et devenir un être exceptionnel à tous les niveaux.

L'objectif est de faire grandir l'esprit jusqu'à ce que tout le reste devienne secondaire. Gardez dans votre esprit qu'il existe seulement trois aspects sur lesquels vous devez travailler chaque jour : le bonheur, la santé et la prospérité, pour soi et pour les autres. Maintenant, occupez-vous seulement de cela.

Jour 36

Votre liberté d'être

Vous avez la liberté d'exprimer ce que vous êtes pour votre propre bénéfice et celui des autres. Vous pouvez affirmer ce que vous voulez, faire ce que vous désirez et même penser ce que vous voulez.

Personne d'autre ne peut exprimer cette liberté. Faites tout en votre possible pour vous approcher de votre vie spirituelle parce qu'elle réclame depuis très longtemps la vraie liberté du cœur.

N'oubliez pas que votre liberté n'ira jamais entraver la vie et la liberté des autres. Essayez de toujours agir en respectant les autres dans ce qu'ils sont et dans qu'ils font. Soyez heureux de la diversité des personnalités.

Chapitre 5

La chance et l'argent

Jour 37

La vraie richesse

Quand on parle de finance et d'argent, il est nécessaire d'avoir un point de référence pour découvrir où est la source de toutes les possibilités. Vous pouvez réfléchir longtemps sur ce sujet sans trouver de véritable réponse.

Certains sont riches, d'autres sont pauvres dans le monde entier et personne n'y peut rien. Vous seul pouvez trouver une vraie réponse à cette question et vous rendre à la réponse dans la prochaine minute.

Vous pouvez détenir dix diplômes en finance des plus grandes universités sur la planète et avoir bâti personnellement une grande société qui a des sièges sociaux partout dans le monde et, pourtant, toujours être un pauvre. Vous allez dire : « Il est stupide de penser comme ça. »

En effet, vous pouvez tout avoir et tout faire, mais vous restez pauvre. Tout est relatif. Donc, où est cachée la vraie richesse? La vraie richesse se trouve dans votre cœur et votre âme. Vous avez la vraie réponse à l'intérieur de vous. À partir de ce moment, tout devient différent parce que vous pouvez identifier que tout vient de votre esprit et vous savez que vous pouvez être un vrai riche.

Si vous êtes matériellement pauvre, c'est à vous de choisir si vous désirez vivre dans cet état d'esprit et toujours entretenir l'idée que la richesse n'est pas pour vous et que vous n'êtes pas chanceux. C'est votre vie et votre choix.

Vous avez la chance d'avoir un esprit rempli de richesses intérieures. N'est-ce pas merveilleux de comprendre que tout est un don à l'intérieur de vous et qu'il vous appartient de découvrir ce joyau pour l'exploiter au bénéfice de vous et de tous !

Quant à celui qui est très riche, il doit découvrir comment mettre son talent au service des autres. Ainsi, il créera un monde meilleur pour tous. Il encouragera le partage et l'entraide.

C'est à ce moment-là seulement qu'il deviendra un vrai riche et n'aura plus à s'inquiéter de perdre quelque chose sur le plan matériel. Il aura identifié que tout est intérieur et qu'il peut reconstruire sa fortune éternellement.

Pour mieux comprendre, étudiez les biographies des gens très riches qui sont entrés dans l'histoire de l'humanité. Vous réaliserez qu'ils ont créé, à un moment donné de leur vie, des fondations pour aider les gens à sortir de la misère.

Jour 38

Sortir du système de comparaison

Quand nous pensons à l'argent, nous pensons également à la comparaison qui va avec. « Un tel fait cela, moi j'ai ça. Lui, il a une belle maison, une belle automobile et il voyage beaucoup. Il est chanceux ! Il a sûrement volé quelqu'un. »

Nous émettons plein de commentaires sur la situation des gens sans toujours vraiment réfléchir. Il est triste de se détruire pour aussi peu.

Il est important de vous rappeler que quand vous enviez votre prochain, vous perdez du temps et de l'énergie qui auraient pu vous permettre d'augmenter votre propre richesse.

Acceptez d'être différent. Vous aussi vous avez le potentiel de devenir riche.

Vous avez droit à votre propre richesse pour sortir du système de comparaison de la société moderne.

Aimez-vous d'abord comme une personne entière et fière de vous. Vous êtes plus qu'un compte de banque. L'argent sera toujours un bon valet, mais vous ne devez jamais devenir son serviteur.

Jour 39

Arrêter de cristalliser l'argent

L'argent est une énergie. Quand vous arrêtez de faire circuler cette énergie, vous empêchez la prospérité d'entrer dans votre vie et dans votre foyer.

Si vous croyez enfermer l'argent dans un coffre, vous êtes pauvre, car l'argent ne circule pas librement. Tentez cette expérience : serrez-vous le bras. Le sang va cesser d'y circuler et vous vous sentirez mal.

L'argent a été créé pour voyager. Il part souvent de notre veston ou notre sac à main et tout à coup un jour il revient. Ceci ne veut pas dire de ne pas être prudent avec cette énergie qu'est l'argent.

Trouvez seulement des stratégies pour mieux gérer ce qui passe entre vos mains et vous épanouir.

Classez l'argent comme des fichiers. Prenez un compte pour vous amuser, un autre pour investir et un dernier pour épargner à long terme.

En faisant une répartition judicieuse de l'argent selon votre intuition, la chance sera avec vous pour toujours.

Jour 40

L'argent et l'épanouissement

L'argent est un élément d'épanouissement s'il est bien géré. Gérez votre argent de façon à ce qu'il puisse apporter le bonheur, la santé et la prospérité. C'est la devise humanitaire pour tous.

Quand vous concentrez votre esprit à gérer adéquatement votre argent, en achetant, par exemple, des livres qui parlent du bonheur et de la prospérité, vous faites un grand pas vers votre épanouissement personnel.

Si vous gérez bien pour vous, vous pourrez aider les autres également à le faire.

Avec votre richesse, vous pourrez créer des fondations ou donner à des œuvres de charité après votre mort. L'argent est bon s'il est bien utilisé.

Jour 41

Sortir de l'enfer de la pauvreté

Acceptez de sortir de la pauvreté en prenant la décision de devenir riche. Quand vous prenez cette décision, tout change et vous avancez chaque jour vers des horizons meilleurs.

Vous comprenez que votre destin est placé entre vos mains. Vous sortez du jugement et du conformisme qui dit que les autres vous doivent quelque chose parce que vous être pauvre.

Gérez efficacement votre argent ; commencez à étudier votre comportement face à lui.

En effet, en analysant chaque jour ou chaque semaine où va réellement votre chèque de paie, vous commencerez à percevoir des éléments importants dans le casse-tête de l'argent.

Tout peut changer si vous portez attention aux petits détails. 90 % des gens laissent leurs finances personnelles aux mains du hasard. Être en relation avec vos finances est avantageux parce que vous en retirez une grande satisfaction personnelle. Si vous devenez ami avec votre argent, vous commencerez à travailler pour vous.

La bonne fortune vous sourira et vous pourrez commencer à soutenir les pauvres de toutes sortes.

Jour 42

Prendre le temps de gérer

Chaque personne doit gérer, même si elle a peu d'argent. C'est ainsi qu'elle pourra apprendre à gérer plus.

Si vous utilisez bien un dollar, vous pourrez en gérer des millions facilement.

Prenez le temps d'étudier chaque achat avec vos dollars. Posez-vous la question : « Est-ce nécessaire de dépenser autant? » Parce que quand vous dépensez sans raison, c'est un peu comme jeter de l'argent par les fenêtres.

Apprenez à être avant d'avoir. Souvent les gens veulent posséder des biens matériels, mais ne sont pas prêts à changer intérieurement. Quand vous découvrirez vos talents intérieurs, votre dimension spirituelle passera toujours avant l'argent.

Jour 43

La chance d'avoir de l'argent

Vous êtes chanceux si vous appartenez à une famille bien nantie. Le plus important pour vous est de comprendre que les autres n'ont pas tous cette chance. J'ai vu beaucoup de jeunes riches qui étaient indifférents aux problèmes des misérables.

C'est dommage parce que chaque humain cherche la prospérité durant sa vie.

Si vous avez de l'argent dès votre jeune âge, essayez de voir la misère qui existe autour de vous. Ensuite, essayez d'aider les plus démunis en vous impliquant dans une cause charitable.

Vous aurez alors deux chances : celle d'avoir de l'argent, mais aussi celle d'être utile et d'être satisfait parce que vous aurez compris votre prochain.

Jour 44

La sagesse de l'argent

L'argent possède-t-il une sagesse? Peut-être que non, mais si vous savez bien le gérer, il pourra devenir une mesure de sagesse pour vous et les autres.

Les congrégations et les organismes sans but lucratif ont su amasser de grandes fortunes parce qu'ils ont été sages avec chaque dollar qui passait entre leurs mains.

Plusieurs d'entre eux ont traversé les siècles sans jamais faire faillite. Ils ont prévu le coup et ils ont su rendre de bons comptes avec leur administration.

Ils ont ainsi aidé les pauvres de tout temps. Autrement, imaginez ce que seraient devenues nos sociétés sans leur sagesse.

Oui l'argent possède une sagesse, s'il est bien géré pour le bonheur de tous. C'est peut-être philosophique, enfin les faits sont là. Regardez tous les organismes de charité et vous comprendrez.

Jour 45

Souhaiter la richesse à tous

Comme nous sommes dans un monde gouverné
par la cause et l'effet, toute action positive
produit une réaction positive.

Si vous souhaitez la richesse à tous, vous aurez
la chance de vivre une vie heureuse et en santé.

Quand vous envoyez de bons souhaits aux
autres, vous êtes heureux intérieurement. Je sais
qu'il est difficile de souhaiter encore plus de
prospérité à des milliardaires, mais que voulez-
vous? Vous êtes soumis à la loi de la cause à
effet qui gouverne l'univers physique et
spirituel.

N'oubliez pas que chaque humain désire la
santé, le bonheur et la prospérité.

Oui, ayez le cœur assez grand pour souhaiter la
richesse aux très pauvres et aux très riches pour
que la terre soit remplie d'amour.

La chance que vous ayez, c'est de pouvoir le penser. Essayez de donner 10 $ ou un cadeau à quelqu'un de très riche et vous verrez comment on vous appréciera. Votre vie financière n'aura plus la même signification. Vous deviendrez un vrai riche à tout point de vue.

Chapitre 6

La chance et l'amour

Jour 46

L'amour de soi

Le premier pas pour créer la chance avec
l'amour, c'est de s'aimer pour grandir et avancer
vers un mieux-être total.

Quand vous atteignez l'objectif de vous aimer,
vous avancez à grands pas dans la vie. En effet,
quand une personne s'aime, elle devient
magnétique et les gens sont attirés vers elle.

En affaires, elle réussit plus facilement parce
qu'elle sait s'estimer. Et en amour, comme elle
s'apprécie, les autres la reconnaissent.

Également, quelqu'un qui est en amour avec son
soi profond à plus de possibilités de réussir avec
son couple.

Tout compte fait, l'amour n'a pas de limite. Plus
vous aimez, plus vous êtes heureux

Jour 47

Simplement aimer

Aimer simplement sans jugement : voila tout voilà tout un défi pour l'âme. Aimer signifie également accepter ses propres limites et ses imperfections. Lorsque nous retrouvons des gens avec des défauts, il est plus facile de les aimer et de les comprendre sans les juger si on aime simplement sans attentes.

C'est un défi qu'on peut se donner sans craindre. Aimer simplement, c'est tellement beau.

Peut-être avez-vous déjà rencontré ou connu Mère Theresa, cette petite femme qui vivait en Inde avec les malades. Elle avait ce regard qui ouvrait le cœur pour recevoir le mal aimé et le rejeté de la société.

Tous ont fini par aimer cette sainte femme : la population, les médias et le clergé. Si seulement nous pouvions exprimer 10 % de ce que représentait cette femme, nous serions des personnes extraordinaires à tout point de vue.

Jour 48

Réaliser sa vie de rêve avec amour

> Quand j'étais jeune, on me disait d'arrêter de faire des châteaux en Espagne ! On me disait de ne pas rêver, de ne pas espérer une vie meilleure, de ne pas oser croire en quelque chose de plus grand et de plus beau. « Ne rêve pas en couleur ! » Voilà ce qu'on me disait. Commencez seulement à visualiser le meilleur pour vous. Vous y avez droit. C'est votre droit divin.

> Personne ne peut empêcher quelqu'un de rêver. Les grands créateurs de l'humanité sont des rêveurs. Que ce soit des saints comme Jean Paul II, les plus grands chanteurs ou les grands hommes d'affaires, ils ont tous rêvé grand un jour ou l'autre.

> Peu importe ce qu'on dit de vous, agissez et commencez à créer vos rêves pour votre amour propre et celui des autres.

Jour 49

Les amis et la chance

Avoir des amis, c'est comme avoir la bonne fortune dans sa vie. Et si vous avez de très bons amis, vous êtes encore plus chanceux.

Augmentez vos contacts, imaginez des solutions pour vous faire de nouveaux amis. En effet, plus vous avez de ressources, plus les événements de votre vie deviendront positifs.

Quand un problème surgira, vous saurez sur qui compter pour vous aider à le régler.

Vous pouvez aider des gens plus que vous le pensez. Le monde a besoin de vous pour régler des situations difficiles. Si vous avez peu d'amis, ne les jugez pas. Acceptez-les comme ils sont et aimez-les.

C'est très important pour votre chance et pour faire croître l'amour dans votre vie.

Chapitre 7

La chance et la métaphysique

Jour 50

L'intuition

Chaque fois que vous avez un projet, vous pouvez suivre votre intuition pour obtenir de meilleurs résultats. Se servir de l'intuition n'est pas un acte rationnel. C'est plutôt l'écoute d'un sentiment de bien-être ou de malaise qui vient du cœur devant une nouvelle situation. Cela peut vous aider à mieux savoir quoi décider devant tout projet important de votre vie.

Par exemple, si vous ressentez que votre corps vous envoie des signaux de souffrance lors d'une situation, c'est un avertissement à ne pas poursuivre votre projet ou de changer quelque chose dans sa réalisation. Vous devez bien vous sentir et être heureux quand vous prenez une décision.

Jour 51

Être honnête avec soi

> Plus vous serez honnête avec vous, plus vous prendrez des décisions intéressantes, car vous saurez ce que vous désirez vraiment de votre vie. Par exemple, vous voulez acheter une nouvelle maison, alors soyez honnête et écrivez d'abord sur papier ce que vous voulez vraiment.

> L'honnêteté avec soi est un grand pas dans votre croissance intérieure. Plus vous êtes sincère avec ce que vous voulez vraiment, moins vous perdez de temps avec ce que vous souhaitez accomplir. Également, les gens vous feront confiance et vous identifieront comme un symbole de fiabilité à tout point de vue.

> Comme le monde est gouverné par la loi du retour, soyez toujours avisé de vous servir de l'honnêteté avant d'entamer toute nouvelle relation ou tout nouveau projet. Vous découvrirez le meilleur de vous-même, tant à l'intérieur qu'à l'extérieur.

Jour 52

Le monde intérieur

Vous ne pourrez jamais être chanceux si vous ne croyez pas en vous intérieurement. Ce que vous croyez fermement dans votre cœur se produira éventuellement dans votre vie extérieure.

Croyez en vos capacités de réalisation, que ce soit sur le plan affectif, familial, financier et relationnel. Voyez-vous en train de réussir à l'avance. Rien ne vous empêchera de réussir quoi que ce soit. Vous pouvez tout. Toute votre vie extérieure, que ce soit votre auto, votre camion, votre famille, votre bateau, votre chalet, vos amis, vos voyages ou vos amours, tout cela a commencé dans votre intérieur et s'est transporté dans le monde matériel.

Par contre, il ne faut jamais juger l'individu seulement par l'extérieur. Vous pourriez vous tromper et regretter votre analyse.

Chapitre 8

Les qualités et les valeurs

Jour 53

Les valeurs

On dit que la chance sourit aux audacieux. C'est peut-être vrai. Si vous basez votre vie sur des valeurs comme l'intégrité, l'honnêteté, le courage et la générosité, tout est permis.

Persistez et c'est garanti que vous gagnerez en paix et en bien-être total à exprimer des valeurs et des qualités. Essayez ceci : chaque mois, trouvez une valeur que vous voulez exprimer dans votre vie.

On vous reconnaîtra éventuellement pour vos valeurs.

Les gens ne vous le diront jamais assez, il est évident qu'ils aiment les personnes qui ont des valeurs et ils se confient plus facilement à vous parce que vous avez l'audace d'afficher vos valeurs.

Jour 54

L'attitude positive

Vous pouvez être chanceux 365 jours par année
à condition que vous ayez l'attitude adéquate.

Vous pouvez ressentir du stress face aux
événements négatifs de votre vie. Mais plus vous
resterez calme et serein, plus ça ira pour le
mieux.

Plus vous aurez la bonne attitude devant les
épreuves, plus la chance sera avec vous. Faites
de votre mieux pour bien réagir devant chaque
problème et vous deviendrez un maître créateur.

Action égale réaction ; une action positive
entraîne une réaction positive.

Chapitre 9

Utilisez les forces en vous

et

autour de vous

Jour 55

Ayez un mentor

Vous pouvez réussir des choses seul dans votre vie, en groupe ou en coaching vous avancerez beaucoup plus vite et sauverez des années de travail.

Si vous avez un mentor, vous serez mieux orienté pour décider votre futur.

Profitez de l'expérience des autres, surtout des sages et des savants. Vous ne vivrez jamais assez vieux pour tout accomplir par vous-même. La chance d'avoir un guide est une aide exceptionnelle.

Jour 56

Visualiser sa vie en soi

Voir sa vie d'avance : quelle image avez-vous de votre vie? Tout dépend de ce que vous concevez. Imaginez dans votre esprit ce que vous voulez.

N'ayez pas peur de créer votre vie, ne vous limitez pas. Tout est possible pour vous à condition d'y voir clair. Et la seule façon est de fabriquer cette vie de rêve étape par étape. Chaque petit pas vous conduira vers le bon chemin, alors tentez votre chance.

Jour 57

Facteur de décision

> Décidez, même si c'est difficile, afin de ne pas perdre du temps précieux.

> Cela pourrait contribuer à faire grandir votre vie dans tous les sens.

> Par contre, si vous vivez d'indécision, tout sera encore dur et coûtera plus cher que la décision elle-même.

> Lorsque les gens ont des projets, ils cherchent à fuir la décision pour ne pas se faire peur.

> Si vous avez l'opportunité de prendre une décision qui pourrait changer votre vie, n'attendez pas que quelqu'un vous dise que vous êtes prêt. Vous pourriez attendre très longtemps pour réaliser vos rêves et personne ne le fera à votre place.

C'est incroyable de voir combien de gens tardent à se décider. Ainsi, la chance s'éloigne d'eux un peu plus chaque jour. Vous devez agir aujourd'hui et non demain.

Jour 58

L'audace

Oui, l'audace apporte la chance avec elle. Oui, les gens audacieux, parfois même un peu provocateurs, finissent par percer. Ils prennent plus de risques que la moyenne des gens.

Ils font des progrès plus rapidement que les autres.

Apprenez à faire des erreurs et à les étudier pour savoir ce qui n'a pas fonctionné quand vous viviez des expériences difficiles.

Vous avez quelque chose à apprendre de vos erreurs et c'est formidable de voir ce qui pourrait arriver si vous persistez à faire cette expérience. L'audace est une des qualités essentielles pour atteindre des objectifs importants dans la vie de tous les jours

Jour 59

Le discours intérieur

Quel est votre discours intérieur? Tous les mots que vous utilisez dans votre esprit pendant votre vie sont importants. Oui, vous pouvez utiliser un puissant discours intérieur qui vous aidera à produire des résultats extraordinaires. Prenez garde aux questions et réponses intérieures qui sortiront de votre être profond. Le discours peut être productif. Plus ce dialogue intérieur est positif, plus vous obtenez un meilleur équilibre émotionnel et physique.

Jour 60

L'exemple de l'inventeur Edison

Le grand inventeur de l'âge moderne a commis d'innombrables erreurs. Malgré tout, il s'est obstiné à poursuivre ses recherches, faisant fi de tous les obstacles. Il est demeuré positif en tout temps. Il a multiplié le nombre d'expérience afin d'inventer l'ampoule. Croyez-moi, le processus a dû être ardu, la persistance lui a rendu hommage, il a finalement créé l'ampoule électrique. Son travail est devenu une chance pour le 20e siècle et l'avancement de l'humanité tout entière

Jour 61

Croyez en votre étoile

Une étoile brille dans le ciel ! C'est magnifique. Il y a en vous une étoile qui attend de briller, un jour ou l'autre. Réfléchissez et comptez combien vous avez de possibilités et de talents en vous.

Vous êtes doté du toucher, de la parole, du sens du désir et de l'analyse. Vous avez des yeux pour voir et vous pouvez aimer. Vous êtes un coffre à outils prêt à être utilisé pour vous aider et rendre service aux autres.

Maintenant, il n'y a plus qu'à ajouter l'ingrédient de l'imagination pour créer un plat irrésistible. Ce plat, c'est vous et ce que vous représentez dans la vie. Parfois, il faut juste ajouter un ingrédient pour transformer un met en un régal. Cherchez et vous trouverez une étoile cachée en vous.

Jour 62

Questions magiques

Deux questions magiques à se poser pour obtenir plus de résultats dans sa vie. Première question : qu'est-ce que je peux faire dans ma vie aujourd'hui pour avoir plus de chance? Et l'autre question : qu'est-ce que je veux obtenir de ma vie? Répondez honnêtement sur une feuille de papier Agissez aujourd'hui même pour augmenter vos chances de réaliser ce que vous voulez. Un jour ou l'autre, plusieurs de vos rêves écrits ce sur papier pendront forme.

Jour 63

Quel est votre plan de vie?

Lorsque les pirates et les héros cherchaient un trésor au fond des mers, ils commençaient par tracer la route qui leur permettrait de le découvrir. Faites-vous confiance : élaborez un plan stratégique pour découvrir où se cache le fameux trésor de votre vie.

Cherchez à l'intérieur de vous où se cache le plus beau trésor. Demandez-vous ce que vous aimez vraiment dans la vie et construisez graduellement ce château intérieur qui vous apportera plus de chance. Un bateau sans radar n'est pas chanceux. Lorsqu'il possède un radar pour le guider, il évite plusieurs écueils.

100 jours de chance

Jour 64

La parabole des talents

Certains ont plusieurs talents avec beaucoup de statistiques nous avons démontré qu'ils en utilisent seulement 10 %. D'autres possèdent un seul talent, en persévérant, ils le développent jusqu'à 90 %. Tout est une question d'attitude. La chance n'y est pour rien, elle est souvent le symbole de la persistance, de l'endurance et de la détermination. Elle est présente seulement quand vous utilisez ce talent en question.

Vous avez du talent. Finalement, le temps a passé et il est encore enfoui en vous. Si vous ne passez pas à l'action, tout sera perdu. Il y a toujours un potentiel de talent qui ne cherche qu'à éclore. Faites tout votre possible pour développer le maximum de votre potentiel. Tout ce qui vous attend est de l'épanouissement et de la chance en bout de piste.

Jour 65

L'émotion

Vivez l'émotion du moment magique. Imaginez la sensation que vous éprouvez lorsque vous achetez l'auto ou la maison de vos rêves. Vivez intensément l'émotion ! Plus vous intensifiez l'émotion de bonheur avant de réaliser ou d'obtenir quelque chose, plus vous atteignez rapidement l'objectif. N'ayez tout simplement pas peur d'imaginer vos rêves dans la réalité.

Jour 66

La photo et le subconscient

Si vous avez la photo d'un objet que vous désirez sur les lieux de votre travail ou aux pieds de votre lit, vous augmentez les chances de l'obtenir. Regardez plusieurs fois par jour cette photo pour l'imprégner profondément dans votre subconscient. La visualisation de l'objet désiré augmente la possibilité de l'obtenir.

Jour 67

La chance illimitée

À partir du moment où vous décidez de devenir une personne chanceuse, tout change. Tout se joue dans votre esprit. Si vous croyez en vous et que vous travaillez chaque jour, vous récolterez des résultats considérables. Rien ne peut vous empêcher d'être une personne extraordinaire.

Jour 68

Condition de vie

Peut-être qu'actuellement votre situation est difficile. Vous habitez peut-être un milieu défavorisé, avez des relations difficiles et évoluez dans un environnement peu clément, loin de la paix et de la sérénité de l'esprit. Un jour, vous prendrez une grande décision : changer votre situation. Vous passerez alors à l'action graduellement et plusieurs portes s'ouvriront devant vous. Vous aurez plusieurs choix et c'est ainsi que la chance sera au rendez-vous. Vous pourrez la prendre et ne plus jamais regretter votre passé parce que vous faites un nouveau choix. C'est à vous, bien sûr, de juger si votre condition de vie actuelle vous satisfait.

Jour 69

Sont-ils réellement plus chanceux?

Pourquoi certaines personnes semblent plus chanceuses que d'autres? Pourquoi sont-elles plus favorisées? Pourquoi ont-elles plus de succès? Pourquoi sont-elles plus populaires? Elles semblent plus chanceuses que la plupart. Pourquoi gagnent-elles plus au jeu de la vie? La réponse est parfois simple. Regardez ce qu'elles font et vous constaterez qu'elles sont ouvertes aux situations et au changement. Vous pouvez imiter ces personnes et avancer à grands pas vers le mieux-être. Vous récolterez le fruit de vos efforts éventuellement.

100 jours de chance

Jour 70

La gestion de soi

Qu'est-ce que la gestion de soi? C'est être capable de se prendre en main. C'est être prêt à se sacrifier et à toujours aller plus loin dans son cheminement personnel. C'est parvenir à être heureux en tout temps. Commencez à gérer votre temps et à vous demander où vous devriez investir vos énergies. Allez-y graduellement ! Changez un comportement qui est néfaste et qui vous fait perdre du temps. Essayez plus de possibilités pour vous connaître et vous deviendrez une lumière de bonheur pour vous et les autres.

Chapitre 10

La chance au travail

Jour 71

L'éducation

> Le fait de compléter des études universitaires ou
> d'avoir un métier ou des cours spécialisés vous
> donnera accès à un plus grand choix dans votre
> vie. Si vous persistez au-delà de vos études
> régulières, vous ne serez pas déçu, je vous le
> promets.

> Vous posséderez de plus grandes connaissances
> qui vous feront jouir de l'existence. Vous aurez
> beaucoup plus d'idées pour créer et bâtir un
> avenir extraordinaire. Dans l'élite de la société,
> vous serez payé en fonction de vos
> connaissances.

Les bonnes habitudes sont difficiles à mettre en pratique et pourtant elles donnent comme résultat une vie agréable à vivre. Pour leur part les mauvaises habitudes sont faciles à attraper, avec le temps vous allez percevoir qu'elles sont difficiles à vivre. Voici un exemple : vous abandonnez l'école avant d'avoir complété votre secondaire. Facile sur le coup, mais plus tard, vous devrez vivre avec toutes les conséquences qui s'ensuivent puisque vous devrez refaire votre parcours scolaire un jour ou l'autre. Vous ne pouvez avoir de meilleure chance dans votre vie que celle d'avoir une bonne éducation.

Jour 72

Trouver une nouvelle façon de faire

Si vous êtes démotivé et que la chance semble vous fuir, modifiez quelque chose dans votre façon d'être ou de faire. Parfois, il s'agit de faire un petit changement comme travailler une heure de plus par jour pour maximiser votre potentiel et obtenir de l'avancement. Ou bien prendre le risque de démarrer une entreprise. Ce n'est certes pas évident au départ, mais c'est très enrichissant à long terme sur tous les aspects personnels.

Jour 73

Lire

Êtes-vous un lecteur? Aimez-vous apprendre de nouvelles choses et comprendre la vie dans laquelle vous êtes tombé? Devenez un adepte de l'auto éducation. La plupart des gens qui lisent beaucoup comprennent beaucoup de choses et apprennent rapidement.

Un professionnel qui lit régulièrement des ouvrages concernant son domaine accroîtra sa capacité de réalisation. Chaque fois que vous lisez des ouvrages sur votre travail, vous développez de nouvelles compétences qui feront que vous deviendrez plus reconnu dans votre domaine et que vous aurez accès à de meilleures possibilités d'emploi qui vous permettront d'être meilleur. Un seul livre peut changer votre vie totalement.

Jour 74

Ne perdez plus de temps

À partir de maintenant, concentrez-vous sur les choses que vous aimez faire et que vous voulez vivre. Vous réaliserez qu'il est inutile de s'attarder sur des recettes sans lendemain. Analysez vos comportements et les expériences que vous avez traversées jusqu'à présent et celles que vous n'aimez pas vraiment. Posez-vous cette question : les résultats que j'obtiens sont-ils satisfaisants? Êtes-vous heureux? Si la réponse est non, alors agissez dès maintenant.

Quand le cœur et l'esprit ne suivent plus, il est temps de changer de domaine et de faire autre chose.

La chance sourit à ceux qui aiment ce qu'ils font.

Jour 75

L'attitude fait la différence

Si vous croyez en vos possibilités, rien ne vous arrêtera de produire du beau et du bon. Peu importe les obstacles, imaginez que votre attitude est positive à 100 % et que, quel que soit le problème, il est situé à seulement à 1 %. Vous traverserez toutes les épreuves facilement.

Rien ne pourra vous ébranler. C'est la meilleure façon d'atteindre le maximum de sa capacité physique et spirituelle.

Si jamais vous avez un problème et que vous avez tout fait pour le régler, mais sans résultat, mettez-le entre les mains de Dieu et vous aurez une réponse, je vous le garantis.

Soyez à l'écoute quand vous rencontrez une personne. Vous aurez peut-être la réponse à votre problème.

Jour 76

Semer quelque chose chaque jour

Pour réveiller le monde de la chance, semez quelque chose chaque jour de votre vie. Essayez plusieurs possibilités avant d'abandonner. Par exemple, ayez un nouveau but, surtout si vous tenez à votre projet.

Sans semence, il n'y a rien qui montera à la surface.

Les gens qui ont de la chance sèment quelque chose dans leur esprit et dans le monde physique à chaque heure de la journée.

Ce n'est qu'une question de temps avant de réaliser vos objectifs quand vous ajoutez l'ingrédient de la persistance à votre vie.

Chapitre 11

Créer votre futur

Jour 77

Votre esprit : votre plus grande force

Oui, votre esprit est la plus grande force de l'univers. Un homme devient ce qu'il entretient dans son esprit. S'il entretient la beauté, il récolte la beauté. S'il entretient la misère, il récolte la misère. S'il entretient l'idée que le monde est ingrat, il voit l'ingratitude dans son entourage constamment. Votre esprit est un créateur. Vous avez devant vous l'infini des possibilités.

Le monde est votre miroir et vous projetez dans ce miroir l'image de votre vie.

Réfléchissez à votre présent et votre avenir. Vous avez devant vous la possibilité de créer un monde d'amour et d'abondance. Il ne reste plus qu'à vous décider devant le buffet de la vie.

Jour 78

Demain

D'après vous, à quoi ressemblera demain? Il ne sera pas mieux ni pire que vous l'avez imaginé la veille. Vous créez le lendemain exactement comme vous l'avez préparé mentalement dans votre esprit.

Visualisez un lendemain extraordinaire et vous serez surpris du résultat. N'attendez que le meilleur et vous obtiendrez le meilleur de la vie.

Jour 79

Répétez cette affirmation

« Je crois que quelque chose de merveilleux m'arrivera aujourd'hui. » Prenez l'habitude chaque matin avant de vous lever de répéter cette affirmation.

Votre esprit débordera de positif. Avec une attitude de succès et de bonheur, vous attirerez des bienfaits. Vous posséderez un plus grand magnétisme pour obtenir des situations toujours plus intéressantes.

Soyez attentif à chaque seconde de votre journée et plus rien ne sera comme avant.

Jour 80

Que dit la Bible?

Vous pouvez interpréter la Bible de mille façons et la remettre en question sans cesse. C'est très bien ainsi.

Je crois pour ma part que l'homme est l'instrument que Dieu utilise pour faire voir toutes les possibilités qui existent dans l'univers. L'homme est doté d'un esprit donné par Dieu pour exprimer l'amour et la chance que nous avons de vivre.

La vie est un don et vous pouvez en faire ce que vous voulez. Pour ma part, je cherche à convertir ce don en quelque chose de remarquable pour impressionner le reste de l'univers.

Nous avons besoin de prouver à l'univers que nous ne sommes pas des créatures du néant, mais bien des esprits divins dans un corps physique. Comprenez que les terriens ne sont pas des ratés, mais des créatures munies d'un potentiel phénoménal.

Jour 81

Sortir de la misère

Éliminez immédiatement l'idée que vous êtes fait pour souffrir. Pour être heureux, vous devez accepter d'investir en vous par la formation et les cours sur la connaissance. C'est ce sentier qui amènera votre esprit à être inventif et alerte. Arrêtez de dire que le monde est un merdier où les êtres humains sont des traîtres.

Prenez votre vie en main et faites de la terre un royaume où règnent l'amour, la joie, la justice et la richesse pour tous.

Croyez-moi, nous avons du travail avant de changer notre façon d'être et de penser. Ça vaut vraiment la peine de s'investir et d'affirmer nos convictions.

Jour 82

La maîtrise de votre vie

Vous êtes la personne derrière le volant de votre vie. C'est vous qui donnez la direction à votre vie, parfois même malgré vous. Personne ne peut conduire à votre place. Votre choix est le vôtre et vous ne pouvez blâmer personne pour votre manque d'engagement.

Vous avez le résultat de votre dernier choix et de votre décision. Tout vous appartient à vous seul. C'est votre responsabilité de bien diriger votre vie.

Personne ne pourra vous arrêter si vous êtes proactif à condition que vous respectiez les autres.

Jour 83

Qui vous influence?

Par qui êtes-vous influencé? La plus grande partie des problèmes que vous avez est directement reliée aux personnes qui ont le plus d'influence sur vous.

La télévision, par exemple, vous influence-t-elle? Et la mode? Et l'opinion des autres?

Plusieurs facteurs peuvent affecter votre vie et vous renverser. Est-ce que la société autour de vous veut vraiment votre bien-être, votre santé, votre bonheur et votre prospérité ou simplement vous utiliser pour s'enrichir davantage?

Répondez honnêtement à cette question : qui vous influence le plus dans votre vie?

Est-ce que vous pouvez trouver le bonheur et la chance actuellement? Alors faites quelque chose pour changer cette situation. Oui vous avez encore la possibilité de devenir un être libre et épanoui à tout point de vue.

Jour 84

Pourquoi se limiter?

Beaucoup de gens réagissent incorrectement devant un nouveau défi : « Je n'ai pas le temps ; je ne peux pas faire ça ; je ne suis pas bon dans cela ; que vont dire les autres ; ce n'est pas pour moi ça. » Ces limitations étouffent le monde et empêchent toute créativité. Sortez du monde de la limitation pour votre plus grand épanouissement.

Adhérez au monde de la libre expression du soi.

Pour un temps, essayez simplement d'être un être illimité et plein de projets pour avancer vers des sentiers inconnus. Vous découvrirez le monde sous un nouveau jour.

100 jours de chance

Jour 85

Sourire aux autres

Enfant, j'ai un jour parlé et souri à un étranger. Évidemment, le risque d'être harcelé à cette époque était grand. Ce que j'ai retenu de cette histoire est que l'étranger est devenu l'ami de mon père et que, trois heures plus tard, il m'a offert un chandail et un veston. J'étais simplement ébahi de constater que de sourire m'avait apporté plus de chance.

Tout ce que j'avais à faire était de dire un gros merci au monsieur et de continuer à sourire un peu chaque jour.

Jour 86

Dites simplement merci

Dites merci à votre vie, à votre destin et à votre soi intérieur. Les amis qui vous aiment méritent votre compassion. Merci pour la chance de vivre sur une terre qui permet de vous épanouir et d'être unique. Dites merci pour la beauté qui existe. Dites merci pour toutes les couleurs que vous voyez chaque jour à chaque instant de votre vie. Rien n'est inutile dans votre vie. C'est pour cela que vous devez apprendre à dire merci pour recevoir encore plus de l'univers sous toutes ses formes, autant intérieures qu'extérieures. Lorsque vous avez de l'humilité, vous entrez dans un monde à part et vous manifestez encore plus la bonne fortune dans votre vie entière.

Jour 87

La puissance de la clarté et de la différence

Une des premières raisons du manque de succès dans la vie est l'absence de clarté et de différence dans ce qu'on aspire à être et faire.

Identifiez de façon précise ce que vous voulez vraiment. En grande majorité, le monde se cherche et s'accroche aux modes et aux philosophies de tous. Finalement, les gens oublient qu'ils ont leurs propres opinions et leur propre intuition Ils n'osent pas s'afficher, craignant de déplaire. Ils n'osent pas faire un geste par eux-mêmes.

Soyez simplement différent et remarquez la vitesse avec laquelle votre vie changera. Si vous ajoutez l'ingrédient de la différence dans ce que vous êtes, le monde comprendra qu'il a besoin de gens différents comme vous pour s'épanouir.

Jour 88

Imaginer le pire scénario dans toute nouvelle entreprise

L'un d'un premier milliardaire sur notre planète au 20e siècle, J. Paul Getty, magnat du pétrole, se posait toujours la même question avant d'investir dans une nouvelle affaire : quel est le pire résultat envisageable si j'investis dans ce projet? Il prévoyait le pire scénario dans son esprit, puis il décidait d'investir ou pas dans le projet. Il savait qu'il aurait toujours une autre occasion qui se présenterait. Sa chance en affaires a été considérable parce qu'il imaginait le pire résultat avant d'investir un seul dollar. Et vous, avez-vous évalué tous les détails et la pire situation avant de vous lancer dans un éventuel investissement?

Jour 89

Oublier le passé

Voici un autre facteur de chance qui est expliqué
en regard avec le passé et le futur. La plupart des
gens pensent en terme de prospérité et de
bonheur. Parfois, ils se concentrent sur leurs
expériences négatives anciennes au lieu
d'entrevoir un futur meilleur. Ils devraient plutôt
utiliser leur passé comme un tremplin afin
d'avancer : plus vous avez eu d'échecs dans le
passé, plus vous avez la chance d'obtenir un gros
succès

Être positif et se concentrer sur le présent en se
servant du passé comme tremplin : voilà la
meilleure devise de l'existence.

Jour 90

Quelle est votre stratégie pour finir gagnant en affaires?

Quand vous vous lancez dans de nouvelles affaires ou dans un nouveau projet, étudiez les forces et les faiblesses de ce secteur d'activité. Si vous voyez une occasion d'affaires pour la première fois, essayez de mieux connaître l'entreprise en question avant de vous engager. Connaître l'histoire d'une entreprise et tous les documents afférents avant de plonger est vraiment nécessaire.

En agissant de façon plus minutieuse, vous augmenterez vos chances de succès à tout point de vue.

Ce qui compte est de trouver une entreprise que vous aimez vraiment et qui possède des intérêts semblables aux vôtres. Vous investissez en affaires, alors investissez dans quelque chose que vous aimez vraiment. Tout sera plus facile.

Si vous perdez de l'argent un jour ou l'autre dans votre aventure, vous finirez par attirer la prospérité parce que vous aimerez l'entreprise dans laquelle vous avez mis votre vie et votre portefeuille.

Jour 91

Le principe du verre plein ou à moitié vide.

Ce qui est ennuyant dans la vie, c'est de rencontrer quelqu'un qui semble tout connaître et avoir tout vécu.

C'est comme une sorte de prétention perpétuelle. Vous ne pouvez rien dire qui semble émouvoir ou intéresser cette personne : elle sait tout. Que c'est fatigant ! Par contre, si vous êtes avec quelqu'un qui est toujours prêt à vous écouter et s'intéresse à ce que vous dites, alors la conversation est beaucoup plus captivante.

Parfois, une confiance absolue se crée si la personne connaît bien le sujet que vous expliquez. Elle ne vous interrompt pas en vous disant : « Je sais ça ! Oui je connais ça ! »

Cette personne est ouverte à vos connaissances même si elle a beaucoup de vécu.

Croyez-moi, admirez une personne comme celle-là, si vous en rencontrez une.

Soyez comme le verre à moitié plein. Avec cette attitude, vous apprendrez toujours de nouvelles choses et vous serez toujours heureux.

Chapitre 12

Les grands personnages et leur chance

Jour 92

Léonard De Vinci

Léonard De Vinci fait partie de ces figures dont l'universalité du génie dépasse l'entendement. Il faut reconnaître qu'il était presque impossible à cette époque de créer un tel chef-d'œuvre et qu'il était humainement impossible de rassembler chez un seul individu autant d'aptitudes diverses. Il est l'un des plus des grands hommes à avoir foulé le sol de la terre.

Il a été peintre, inventeur et il a élaboré plusieurs principes mécaniques qui ont servi la science jusqu'à présent. Il s'est même prêté à la découverte de la science médicale à l'époque. Il a été le premier à imaginer ce que pourrait être l'avion moderne.

Sans nous comparer, nous pouvons affirmer que nous sommes des êtres doués de possibilités inimaginables, autant dans le monde matériel que le monde spirituel. Nous avons un esprit rempli de possibilités et de chance. Il est encore sous-exploité.

Jour 93

J.K. Rowling

Voici la créatrice d'Harry Potter. Un jour, cette écrivaine a eu l'idée de créer un personnage fantastique qui a su attirer et retenir l'attention des plus petits et des plus grands. Ses livres ont traversé tous les pays et ont fait de leur auteur l'une des femmes les plus riches de l'histoire de l'écriture. Pourtant, tout le monde a entendu parler des histoires de sorcières sans trop s'y attarder. Qui aurait dit qu'une femme seule, sans emploi et divorcée, aurait pu devenir aussi célèbre avec le temps. La leçon à tirer est de ne jamais juger selon les apparences. Tout le monde a droit à son bonheur, à son succès et à sa prospérité.

Jour 94

Céline Dion

Voici un conte de fées parfait. Une petite fille timide qui ne parle pas anglais et née dans un endroit peu connu du Québec est aujourd'hui une vedette internationale. Tout a été réussi dans son cas. Dès son jeune âge, nous étions éblouis d'entendre sa voix merveilleuse. Un jour, elle a rencontré un agent d'artiste qui avait en tête de faire de Céline une artiste internationalement reconnue. À notre grande surprise, elle est devenue un rêve pour tous les Québécois. Mais surtout, elle est un modèle de travail et de détermination pour tout chanteur en devenir.

Voici le message à comprendre : c'est une femme pleine de détermination, de volonté, de courage et de discipline avec un talent inné qui a toujours continué de travailler sur elle-même pour monter aussi haut que possible. Elle a su avec le temps tirer le maximum de son potentiel humain.

Jour 95

Bill Gates

Qui ne le connaît pas? Il est devenu l'homme le plus riche de la planète. Il a fondé le géant Microsoft, avec son ami Paul Allen.

Dès son jeune âge, il était doué en informatique et il a été le premier à créer un système d'exploitation, *Windows*, qui est devenu le logiciel le plus connu dans le monde. Ce sont ses pas et ses actions qui l'ont mené où il est : il a été le précurseur de sa chance.

Qui aurait dit qu'un ordinateur personnel pourrait un jour voyager de façon virtuelle autour du monde et à soutenir autant les scientifiques pour l'avancement de l'homme ! Quelle chance !

Jour 96

Antony Robbins

Croire en soi : voilà ce qui résume vraiment Antony Robbins. À partir de la programmation neurolinguistique, il a transformé la vie de plusieurs personnes, tant financièrement que personnellement. Il est un mentor remarquable pour inciter les gens à passer l'action. Toute personne qui s'inspire de ses propos peut aspirer à maximiser son potentiel pour s'accomplir davantage durant son passage sur terre.

Jour 97

Oprah Winfrey

Cette femme, qui n'est pas de race blanche, est devenue l'une des femmes les plus riches et les plus connues des États-Unis.

Elle est devenue une animatrice vedette de télévision, possède son propre talk-show et s'est donné comme mission d'aider les gens en difficulté dans la société.

Oprah a eu une enfance difficile, mais elle a toujours persévéré afin de prouver au monde que même si vous êtes né pauvre et sans ressource, vous pouvez accéder à quelque chose de très grand sur cette terre.

Jour 98

Brian Tracy

Il est auteur de nombreux ouvrages et il est un conférencier international réputé pour avoir motivé des milliers de personnes dans les entreprises et dans leur vie personnelle. Il a voyagé à travers le monde pour mieux saisir les possibilités humaines et spirituelles. Dès son jeune âge, il espérait un jour devenir financièrement indépendant. Il était émerveillé de voir que des gens autour de lui étaient beaucoup plus riches que lui. Il s'est alors posé la question suivante : Pourquoi certaines personnes ont-elles plus de succès que d'autres?

À partir de là, il a commencé à étudier tout ce qui concernait la finance et le monde des gens riches et célèbres. Pendant plusieurs années, il a travaillé sans obtenir de succès jusqu'au jour où il s'est mis à écrire ses objectifs. Alors tout a commencé à changer pour le meilleur. Il a précisé encore plus ce qu'il voulait obtenir de la vie.

La leçon que nous pouvons tirer, c'est que Brian Tracy a tout simplement décidé de créer sa propre chance à travers son travail, ses études et ses objectifs personnels.

100 jours de chance

Jour 99

Mère Theresa

Vivre pour le don de soi, aider et toujours aider les malheureux, les pauvres et les souffrants du monde : voilà le résumé de sa vie.

Elle représente un cadeau pour l'humanité qui cherche sans cesse une consolation pour la souffrance humaine.

Elle est la voie divine pour bien représenter l'amour total. C'est un modèle à imiter pour comprendre que l'être humain est essentiel et qu'il y a toujours quelque chose à faire pour récupérer une âme et la sortir de la misère.

Elle représente la sainteté parfaite, soit l'expression de l'amour à l'état pur qui accueille le malheureux sans jugement.

Jour 100

Jésus

Peut-on associer Jésus avec la chance? Certains diront qu'il n'y a pas de rapport entre lui et la métaphysique.

Par contre, ce qu'on peut dire à propos de sa vie, c'est qu'il a accompli la mission qu'il s'était donnée. Oui, il a donné un sens à notre vie de mortel. Il a prouvé que l'homme est plus qu'un animal qui meurt au bout de son sang.

Il a dit que nous avions en nous un sens d'éternité pour rendre gloire et rendre hommage à notre créateur d'amour. Son désir était que l'homme devienne une créature en harmonie avec l'amour universel. Nous devons tous lui dire merci pour la chance qu'il nous a transmis : être une créature remplie de divinité qui peut aimer jusqu'à l'infini.

Notes personnelles

Autres livres de Marc Thériault

-Croire en soi

-Vivre heureux au 21e siècle

-Vaincre la dépendance affective

-100 jours de bonheur

Notes bibliographiques

MONBOURQUETTE, Jean (2002). *De l'estime de soi à l'estime du soi*, Novalis, 224 pages.

ROBBINS, Anthony (1994). *Giants Steps*, Simon and Schuster, 405 pages.

LEBOEUF, Jean-Guy. *Arrêtez d'avoir peut et croyez au succès !*, éditions Un monde différent, 249 pages.

ROSS, Skip. *Dites oui à votre potentiel*, éditions Un monde différent, 226 pages.

FINLAY, Guy. *Le chemin de la vraie fortune*, éditions Un monde différent.

STANLEY, Thomas J., P. D., DANKO, William D., Ph. D. Simon & Schuster. *The Millionnaire next door*, 323 pages.

ROBERT, G. *Allen multiple stream of income*, John Wiley et Sons inc., 336 pages.

HANSEN, Mark Victor et BATTEN, Joe. *Devenir maître motivateur*, éditions Un monde différent, 128 pages.

MAXWELL, Maltz Dr. (1982). *La psycho cybernétique et l'accomplissement de soi*, éditions Un monde différent.

TIMBERLAKE, Lewis, REED, Marietta. *Né pour gagner - Transformez vos rêves en réalités*, éditions Un monde différent.

SHULLER, Robert H. (1993). *S'aimer soi-même*, éditions Un monde différent.

KIYOSAKI, Robert T. et LECHTER, Sharon L. *L'école des affaires*, éditions Un monde différent.

ALLEN, James. *L'homme est le reflet de ses pensées*, éditions Un monde différent.

SCHWARTZ, David J. *La magie de voir grand*, éditions Un monde différent.

ROHN, Jim. *Stratégies de prospérité*, éditions Un monde différent, 204 pages.

FISHER, Mark. *Le testament du millionnaire*, éditions Un monde différent,141 pages.

TRACY, Brian. *Maximum achievement*, published by Simon & Schuster, 352 pages.

TRACY, Brian. *Be a sales superstar*, Beret-Koehler Publishers inc., 154 pages.

BRIAN. *Tract Focal Point*, Amazone Américain Management Association, 222 pages.

ZIEGLER, Zig. *Les étapes vers le sommet*, éditions Un monde différent, 243 pages.

THURSTON-HURST, Kenneth. *Vivez en première classe*, éditions Un monde différent, 145 pages.

BRIN D'AMOUR, Sylvain. *Développez votre personnalité, vous réussirez*, 155 pages.

THÉRIAULT, MARC. *Croire en soi*, Thériault Éditions, mars 2005, 295 pages.

Merci de suivre nos publications en espérant faire une différence dans votre vie.

Thériault Édition.

Marc Thériault

www.ingramcontent.com/pod-product-compliance
Lightning Source LLC
Chambersburg PA
CBHW050454290526
45786CB00006B/2293